Arteterapia

AVES DO PARAÍSO

LIVRO DE COLORIR
ANTIESTRESSE

Ilustrações de Marthe Mulkey

EDITORA
ALAÚDE

Título original: *Art-thérapie Oiseaux de Paradis – 100 coloriages anti-stress*

O texto deste livro foi fixado conforme o acordo ortográfico vigente no Brasil desde 1º de janeiro de 2009.

EDIÇÃO ORIGINAL: HACHETTE-LIVRE

DIREÇÃO: Catherine Saunier-Talec

DIREÇÃO DE ARTE: Antoine Béon

RESPONSÁVEL EDITORIAL: Anne Le Meur

ILUSTRAÇÕES: Marthe Mulkey

CAPA: NICOLE Dassonville e Salah Kherbouche

DIAGRAMAÇÃO: Patrick Leleux PAO

FABRICAÇÃO: Isabelle Simon-Bourg

PARCERIAS: Sophie Morier

PRODUÇÃO EDITORIAL: EDITORA ALAÚDE

TRADUÇÃO DO PREFÁCIO: Eric Heneault

ADAPTAÇÃO DA CAPA: Rodrigo Frazão

IMPRESSÃO E ACABAMENTO: Ipsis Gráfica e Editora

1º edição, 2015

Impresso no Brasil

Dados Internacionais de Catalogação na Publicação (CIP)
(Câmara Brasileira do Livro, SP, Brasil)

Mulkey, Marthe
Aves do paraíso : livro de colorir : antiestresse / Marthe Mulkey ; ilustrações do autor ; tradução de Eric Heneault. -- São Paulo : Alaúde Editorial, 2015. -- (Arteterapia)

Título original: Art-thérapie oiseaux de paradis : 100 coloriages anti-stress.
Bibliografia.
ISBN 978-85-7881-294-2

1. Artes - Uso terapêutico 2. Arteterapia 3. Livros para colorir I. Título. II. Série.

15-03879 CDD-615.85156

Índices para catálogo sistemático:
1. Arteterapia 615.85156

2015
Alaúde Editorial Ltda.
Rua Hildebrando Thomaz de Carvalho, 60
04012-120, São Paulo, SP
Tel.: (11) 5572-9474
www.alaude.com.br

Pássaros multicoloridos

De dia, de noite, os pássaros vão para onde o vento e as estações os carregam. Passam cada instante de seu precioso tempo cantando, observando, se alimentando e voando. Da selva amazônica à savana africana, da floresta tropical à floresta boreal, todas as variedades de pássaros sobrevoam a terra com suas cores vivas. Sejam urbanos, visíveis, ou estejam escondidos em regiões hostis, os pássaros são fonte de inspiração, enfeitando o céu com seu voo. Ao contrário do avião, que o rasga, o pássaro costura, borda e tinge o céu, iluminando-o com suas penas azuis, vermelhas, turquesa, cinza, ou escurecendo-o, às vezes, com seu olhar de águia. Os pássaros são deuses, às vezes presságios, símbolos ou mensageiros. O que eles têm de tão grandioso para nos fazer sonhar? E se for simplesmente uma incrível liberdade?

O homem tem algo de pássaro. Baudelaire descreveu o albatroz, Rimbaud preferia os corvos, enquanto Verlaine e Lamartine poetizavam sobre o rouxinol. O canto dos pássaros é uma música, em cada árvore uma orquestra, em cada céu, um coro! Essas flores animadas, como se batessem pétalas, inspiraram artistas memoráveis, como Dufy, Dalí, Chagall, Braque, Picasso, Matisse. Quem nunca quis cantar como um pássaro? E o que dizer de quem viu o passarinho verde? Ou ainda quem nunca olhou para o passarinho ao ser fotografado? Todos nós um dia vamos ouvir o canto do cisne! Assim, há um pássaro em cada um de nós.

Agora chegou a sua vez de enfeitar estas páginas em branco com as cores dos seus sonhos. A pomba da paz voa ao seu lado...

Relaxe, inspire-se e reencontre o prazer de criar.

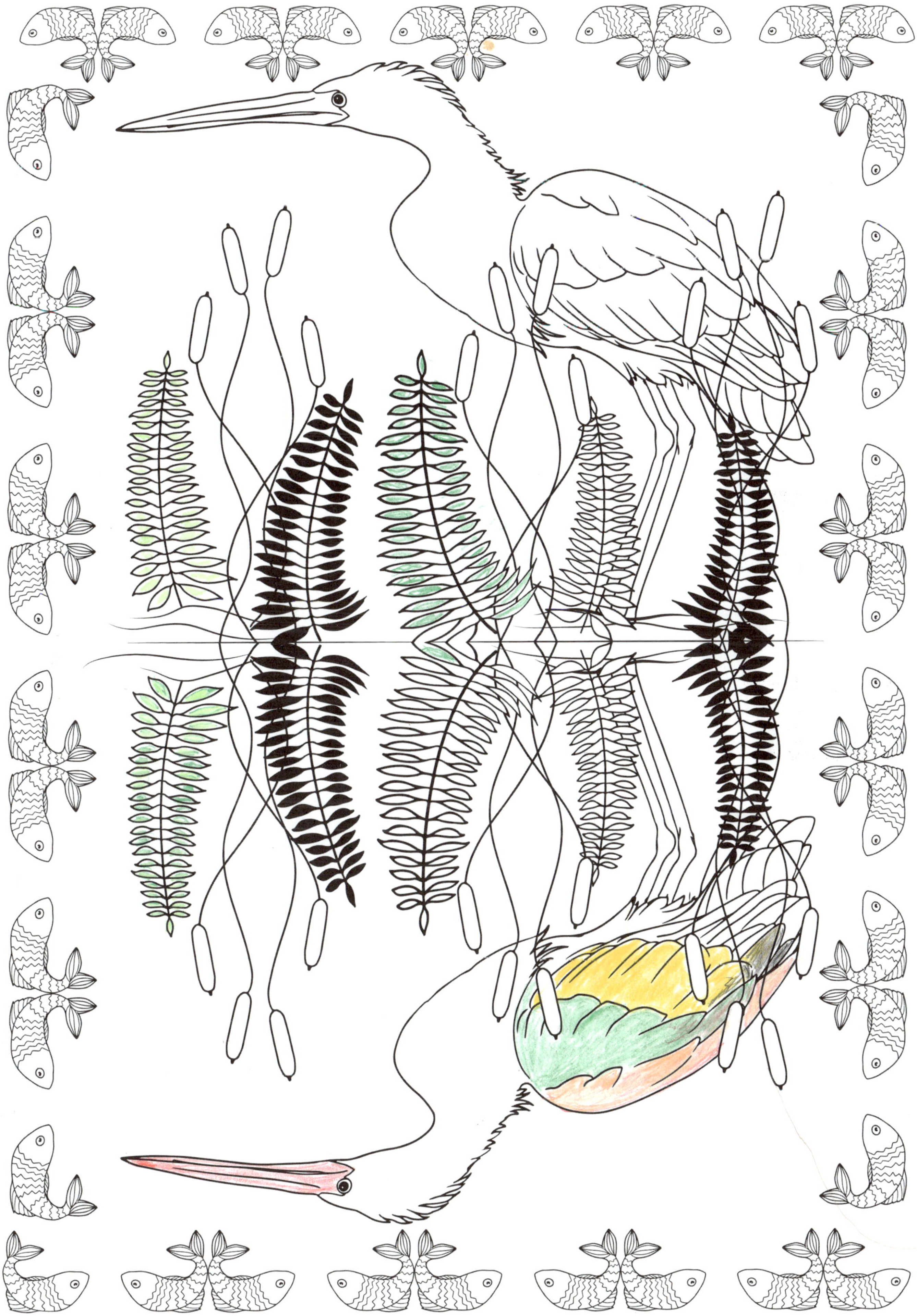

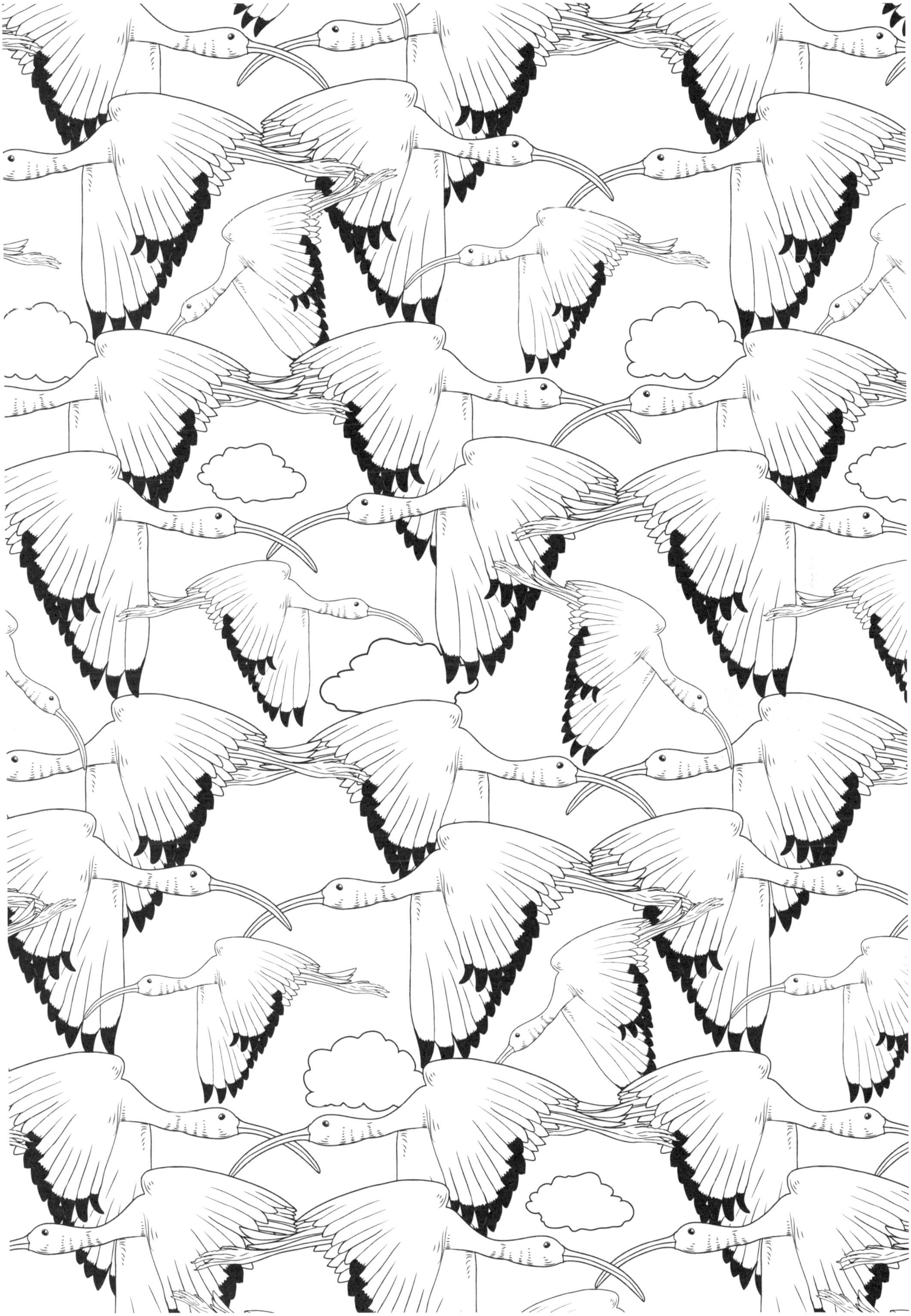

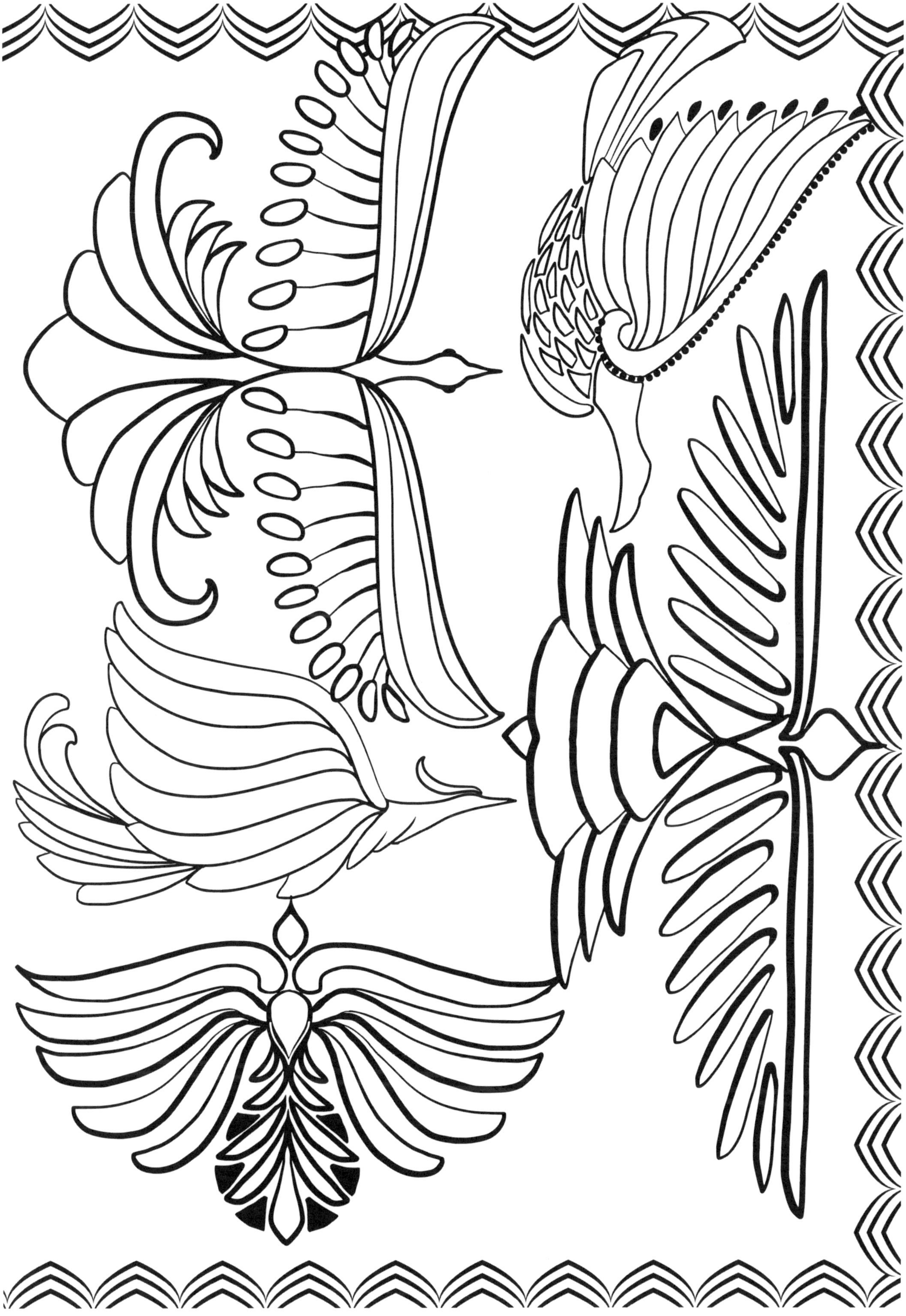

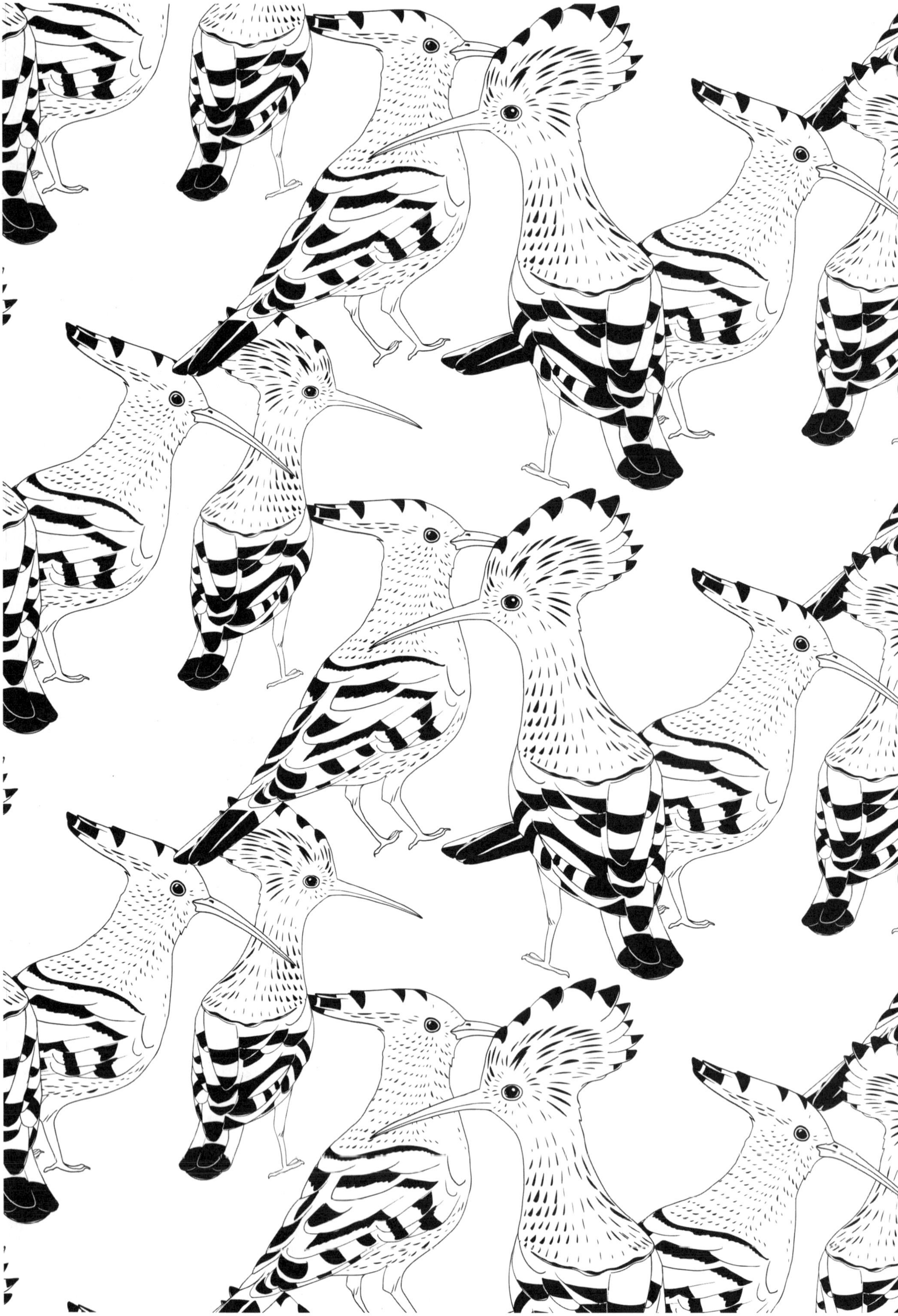

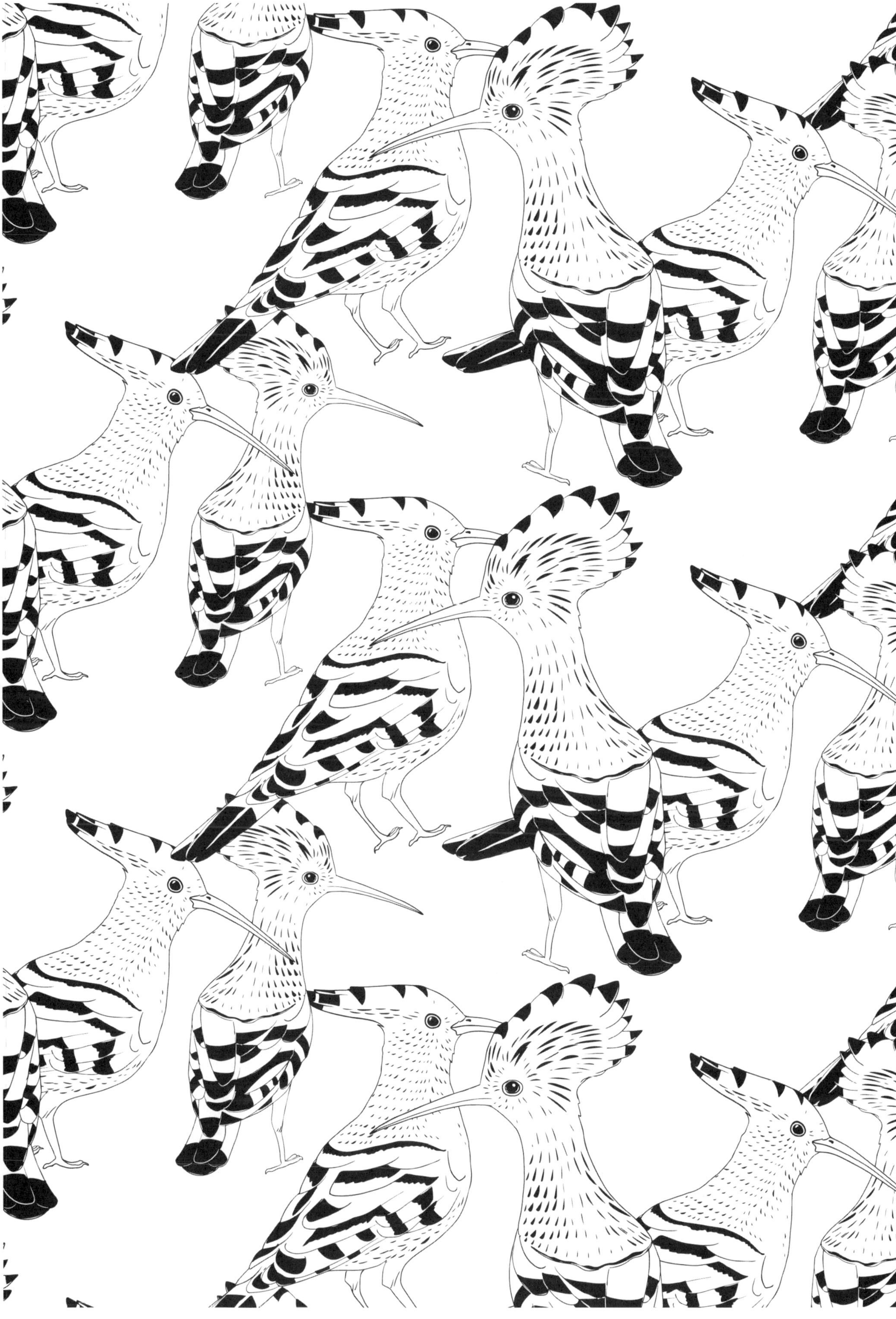